AF276775

A JUGAR TAMBIÉN SE APRENDE

Guía para madres y padres imperfectos

Sara Noguera Ramiro

Brief
Editorial

A JUGAR TAMBIÉN SE APRENDE
© Del texto: Sara Noguera Ramiro
© De esta edición: Editorial Brief, 2025
 info@editorialbrief.com
 www.editorialbrief.com
 Grupo Editorial Sargantana

Primera edición: enero, 2025

Impreso en España

Los papeles que usamos son ecológicos, libres de cloro y proceden de bosques gestionados de manera eficiente.

ISBN: 978-84-18641-51-0
Depósito legal: V-4126-2024

A JUGAR TAMBIÉN SE APRENDE

Guía para madres y padres imperfectos

Sara Noguera Ramiro

EditorialBrief • 2025

Javi, nada de esto sería posible sin ti, menudo equipazo hacemos. Te quiero.
Flavia, Juan, Mencía, Julieta: me sorprende cada día ser consciente de la suerte que tengo de ser vuestra madre.

ÍNDICE

Capítulo 1

¿POR QUÉ JUGAMOS?

Un sonajero de terracota de cuatro mil años de antigüedad hallado en Turquía es la evidencia de «juego» mejor conservada que se haya encontrado hasta la fecha. Tenemos muestras en jeroglíficos egipcios donde podemos ver deidades y humanos con elementos de entretenimiento. Todas las culturas disfrutan de canciones populares cuyo origen, muchas veces, se desconoce debido a su antigua historia.

Igual que hay cosas que hacíamos en el pasado y con los avances hemos ido dejando de lado, el juego no ha desaparecido y, además, tiene un papel fundamental en todas las culturas que han conformado (y conforman) la vida en la tierra. ¿Y por qué?

JUGAMOS PARA APRENDER

No hay mejor forma de adquirir conocimiento que disfrutar del proceso. Jugar es la forma más útil, realista y natural de formarse y crecer. Entrar en contacto con cualquier aprendizaje a través del juego nos hace poner todos nuestros sentidos en el proceso, prestar atención voluntaria e implicarnos con interés.

JUGAMOS PARA SOCIALIZAR

Al principio, lo hacemos unos cerca de otros, sin intención de participar del juego ajeno o de compartir el propio. Pero, poco a poco, iremos comprobando que interactuar con otras personas es beneficioso tanto en el aspecto físico y como en el emocional. Interactuamos para jugar y jugamos para interactuar.

JUGAMOS PARA DISFRUTAR

Esta debería ser la clave de cualquier interacción lúdica, pasarlo bien. Por eso nunca debemos olvidar que jugar no puede tener una forma predeterminada, sino que se debe adaptar a los gustos e intereses de cada uno.

JUGAMOS PARA IMAGINAR

Crear desde la nada, partir de una idea y dejarnos llevar, potenciar el desarrollo de nuevas historias, juegos, interacciones, inventos…, todos surgidos de haber dado la oportunidad de dejar volar la imaginación.

JUGAMOS PARA DESARROLLARNOS

A través de afrontar retos y aumentar la dificultad de los juegos a los que accedemos y en los que participamos. Jugar es el peldaño más recio en el que se sustenta nuestro crecimiento.

> Jugar es el inicio de todo desarrollo físico, cognitivo y emocional.

Capítulo 2

¿CUÁNDO EMPEZAMOS A JUGAR?

Lo primero que debemos hacer es diferenciar la interacción del juego, ya que, desde el nacimiento, todos los bebés buscan la interacción física (por supervivencia de la especie) y, tras unos meses, indagan en la interacción lúdica (por descubrimiento del entorno).

¿A QUÉ ME REFIERO CON «SUPERVIVENCIA»?

A que, como cachorros, su única labor es sobrevivir y, para ello, reclaman atención a través del llanto, que es el motor comunicativo más potente y mejor elaborado de la naturaleza.

Luego, los seres humanos empezamos a formar parte de nuestro entorno familiar tras comprobar que nuestras necesidades básicas y primarias están cubiertas.

La capacidad de atención, de concentración y coordinación aún no está madura y estaríamos forzando su desarrollo en función al interés (no necesariamente personal, pero la sociedad presiona mucho y no puede ser).

En consecuencia, la interacción es necesaria desde que nacemos, pero el momento de jugar llega un poquito más tarde.

Incluir juegos y juguetes antes de los tres meses, por todo lo dicho anteriormente, no es indispensable. Lo que un recién nacido precisa es:

CONTACTO FÍSICO

Bien de besos, de abrazos, de porteo, de brazos, de arrullo, que sienta piel con piel gran parte del día, que oiga nuestro corazón (grandísimo aliado para calmar a nuestros cachorros), que empiece a reconocernos por el tacto, por la manera de tocarle.

CONTACTO VERBAL

Nuestra voz y la del entorno más cercano que vaya a formar parte de su vida diaria. Aquella que cuenta cosas, que canta, que modula el tono, que acompaña en las rutinas y en los distintos entornos a los que se expone por primera vez.

Porque, repito, el llanto es comunicación. Todos lo utilizamos para transmitir necesidad y, con el tiempo, aprendemos a usar las palabras para facilitar no solo que nos comprendan, sino para que nos ayuden con aquello que nos ha provocado llorar.

El llanto no implica, únicamente, sufrimiento, pero siempre es signo de necesidad (de atención, de limpieza, de alimento, de descanso, de interacción, de dolor).

Atender su llanto, cubrir con contacto y afecto esa falta y comprobar lo que precisa, nos va demandar lo suficiente en estos primeros meses de vida como para, encima, tener que dedicar tiempo al juego. Empecemos a conocernos, escuchándonos.

Entiendo, como maestra infantil especializada en crianza respetuosa y como madre, que una cosa es no jugar y otra cosa es no empezar a añadir elementos en el entorno. Parte de la ternura que nos provoca un bebé nos lleva a estar buscando dulzura en el ambiente del niño.

Poner algún peluche pequeño, un trapo con textura o un móvil sobre la cuna es una idea estupenda, siempre y cuando lo hagamos como elemento decorativo (que, en un futuro, ya tendrá función de interacción y entretenimiento).

> Con prisas no vamos a llegar a ningún sitio. No pueden vencer las ganas que tenemos de hacer las cosas a la realidad que nos rodea.

¿QUÉ PASA A PARTIR DE LOS TRES MESES?

La sonrisa social está más que instaurada, la coordinación ocular controlada y la posición tumbada cada vez tiene mejor forma.

Lleva varios meses comprobando que se lo atiende cuando lo necesita, por lo que sus sentidos no están en alerta constante.

Ahora que está receptivo para interactuar más allá de las necesidades viscerales, podemos empezar a interactuar buscando la diversión como parte de nuestra actividad diaria, en ratos enfocados a jugar sin ningún propósito más que entretenerse. Sin prisas ni agobios, sin comparaciones.

SIN PRISAS

Porque cada niño tiene sus ritmos y sus gustos, no a todos les interesa lo mismo y no están aquí para demostrar nada, están aquí para ser.

SIN AGOBIOS

Porque todos con afecto, compañía y realismo llegamos al mismo sitio. Si nuestros hijos necesitan más motivación, la buscaremos; y cuanto más tranquilos y seguros nos vean, más lo estarán ellos.

SIN COMPARACIONES

Mientras nuestro pequeño avance acorde al ritmo personal que lleva marcando desde su nacimiento, lo que haga el resto es lo de menos. Para empezar, porque la gente tiende a contar lo que consideran bueno o destacable: comparar es injusto y poco realista.

Tenemos que entender el juego como aquello que nos va a permitir crecer y avanzar, a la vez que disfrutar. Para que el aprendizaje sea duradero y real debemos interiorizarlo como algo agradable antes que como una imposición u obligación.

Capítulo 3

¿QUÉ TENER EN CUENTA A LA HORA DE JUGAR?

Al ser tan importante jugar como todo lo que lo rodea, debemos tener siempre en cuenta los siguientes puntos:

EL ESPACIO

Que haya amplitud en el entorno, que el pequeño no se sienta abrumado por muchos objetos cercanos que le impidan moverse acorde a su interés. Cuantas más cosas hay para observar en el ambiente, menos capaces son de prestar atención a una misma cosa.

Si sobrecargamos de información a los niños y resultan incapaces de concentrarse jugando, la culpa no es suya. Debemos recordar que las primeras veces que experimentan un elemento o una actividad se rigen por cómo los acercamos a éstos.

LA LIBERTAD

Tanto en la decisión de los objetos con los que jugar como en la duración del juego con los mismos, hay que tener en cuenta que la actividad lúdica es un proceso de descubrimiento en sí mismo. Cuantas menos pautas debamos seguir, más apetecible será.

Ofrecerles diferentes opciones sabiendo que pueden agarrarlas o no, y saber que no tiene que ver con nuestras ganas de que lo hagan, sino con las suyas.

Reducir nuestras expectativas como adultos para que ellos no se sientan condicionados y actúen por voluntad propia.

LOS MATERIALES

Cuanta menos apariencia de juguete tiene, más juegan con él. Y esto es así. Cuantos más objetos de diferentes tamaños, texturas y materiales tengan, más interesante será el descubrimiento de esos elementos y, por lo tanto, más jugarán con ellos.

Debemos tener cuidado con aquellos elementos que sepamos que se los van a llevar a la boca sin ser esa su finalidad, aunque les servirán para descubrir el entorno, experimentar, investigar, disfrutar y, de otra forma totalmente involuntaria, aprender.

EL ENTORNO

Son fundamentales los espacios donde prime la luz natural, donde el ruido que surja sea amable y no suponga un estrés para el pequeño. Lugares sin preocupaciones de que el niño toque algo peligroso o impensado, y que sepamos que se puede mover con soltura y sin tener que estar alerta en todo momento.

¿MÚSICA?

Sí, pero como parte añadida al entorno y antes que como protagonista. Música ambiental sea la que sea, pero que no se convierta en el factor central de lo que está sucediendo ahí; que acompañe al juego y a un volumen que nos permita comunicarnos.

LA DISPOSICIÓN

Cuanto más crezcan, iremos ampliando la distribución de los objetos y elementos recreativos de los más pequeños.

Sin embargo, debemos de tener en cuenta que lo que no se ve, no existe. El niño se rige por puro empirismo: si no lo veo, no me sirve. Así que, si queremos que muestre interés por algo, ese «algo» tiene que, como mínimo, poder intuirse.

Que estén almacenados a su altura y, si no se ve lo que hay dentro, que en la caja haya un dibujo que represente lo aquello que se almacena. Y, de este modo, puedan tener acceso a ello sin necesidad de pedir ayuda.

Como decía anteriormente, cuanto más crezcan, más fácil será la disposición de los objetos en el espacio, ya que su capacidad de movimiento, la comprensión del entorno, las habilidades de comunicación y su nivel de autonomía habrán avanzado mucho. Pero, cuando empecemos a jugar, cuanto más fácil tengan el acceso a ellos, más dispuestos estarán a usarlos.

Esto no quiere decir que nuestra casa vaya a estar hecha un trapo, sino que los elementos que utilicemos para guardar los juguetes tienen que ser bonitos (para nosotros) a la par que útiles (para nuestro bebé).

Recomiendo encarecidamente que los primeros juguetes o elementos que se compren no sean especialmente caros o voluminosos porque tras los primeros contactos comprobaremos si le interesan o no.

Que algo nos guste a nosotros o veamos que a otros niños de la misma edad les gusta no quiere decir que en nuestra casa vaya a cuajar. Como siempre, las expectativas aparcadas para evitar que condicionen nuestra realidad.

¡Ojo! Si algún punto no concuerda con el momento de juego que estemos llevando a cabo, es lo de menos. Estemos cómodos; que el juego conlleve diversión y entretenimiento, y que estemos inmersos en la actividad es lo más relevante.

Si el inicio del contacto con el juego se convierte en un conjunto de normas que seguir, estaremos limitando nuestras ganas, las del pequeño y la motivación que surja.

Capítulo 4

JUGUETES EDUCATIVOS Y JUGUETES CON PROPÓSITO

Hablemos de esto sin complejos y entendiendo el origen de esta afirmación: «Un juguete no educa, educa otro ser humano».

Educar va mucho más allá de mostrar pautas y que se repitan, o de que el niño memorice las normas de juego. Educar conlleva interacción; implica mostrar emociones y aprender a gestionarlas; involucra libertad de acción y margen para la creatividad y la imaginación, e incluye un posible juego simbólico. Decir que un juguete es educativo es un reclamo publicitario con muy buen enganche, pero sin ningún sentido más que comercial.

Ahora bien, un juguete sí puede tener un propósito y, cuando lo elegimos, sabemos que nos va a facilitar que esas habilidades las desarrollen nuestros niños o los potencien. Claro que hay juguetes que favorecen la motricidad, la lateralidad, la atención, la comprensión lectora, la paciencia..., pero es un propósito, no una afirmación.

Un juguete no nos va a solucionar la vida. Por eso, cuando nos desprendemos del concepto juguete educativo, logramos:

DEJAR DE FRUSTRARNOS NOSOTROS MISMOS

Porque nuestro hijo no consigue hacer lo que el juguete prometía a bombo y platillo. Por más que le demos juguetes nos es imposible conseguir que el niño se entretenga o que cumpla las directrices de esa actividad.

ENTENDER QUE PASAR TIEMPO CON ELLOS AYUDA

No se trata de estar una hora o veinte, sino de que el tiempo que estemos jugando con ellos lo disfrutemos siendo conscientes de las limitaciones diarias. Si estamos juntos, lo hacemos con todos los sentidos, y eso repercute positivamente en los niños.

NO COMPENSAR

Evitemos pasar el día comprando y gastando en elementos que nos prometen el oro y el moro creyendo que, si hacemos caso a esos eslóganes de venta, iremos supliendo otras posibles necesidades.

Cuando nos deshacemos del concepto juguete educativo y empezamos a usarlo sin pretensiones, el aprendizaje y la educación llegan solos para quedarse.

Capítulo 5

¿QUÉ COSAS TENER A MANO?

Sería estupendo que todos en casa tuviéramos, por lo menos, los siguientes elementos, puesto que estos aportan valor al juego y nos permite ampliarlos tras observar lo que les va interesando más:

CAJÓN DE SASTRE (DESDE LOS TRES MESES)

Material muy diverso y aleatorio que abarque cosas como una esponja, papel de pompas, plumas, algún objeto de madera, una botella de plástico, cordones, un estropajo, un cucharón (o un utensilio básico de cocina). Todo ello dentro de un mismo cesto que podamos acercar nosotros cuando el niño esté tumbado o al que pueda tener acceso en cuanto se desplace solo y se siente.

CUENTOS (DESDE LOS SEIS MESES)

Aunque antes de ese tiempo también es un buen compañero, hasta los seis meses la incapacidad de seguir un hilo narrativo, de mantener la concentración y el foco de interés de los niños impiden la lectura de un cuento completo. Por ello, la edad más recomendable es el medio año de vida.

Cuentos que empezaremos teniendo de páginas duras, que inviten a la investigación (solapas, texturas) y que, poco a poco, iremos ampliando en trama, temáticas, tamaño y tipo de hoja. No hay nada en este mundo que no podamos enseñar o transmitir a través de un cuento.

MATERIAL PARA JUEGO SIMBÓLICO

Pese a que el desarrollo del juego simbólico no se produce hasta aproximadamente los dos años, es interesante tener en casa, desde los seis meses, elementos de juego que se asemejen a objetos de uso cotidiano.

APILABLES (DESDE LOS SEIS MESES)

Del tipo que sea, siempre y cuando estén adaptados a la edad y los intereses del niño. De madera, de plástico, opacos o traslúcidos, más grandes o más pequeños, planos o con volumen. En tanto sirva para construir y crear, serán una buena opción.

PELOTAS Y ELEMENTOS QUE RUEDEN (DESDE LOS SEIS MESES)

Que motiven el movimiento, que potencien el desplazamiento y la curiosidad, que puedan usarse tanto de manera individual como interactuando con otras personas, en los que sea posible descubrir diferentes texturas, tamaños, formatos y velocidad de rodada.

ELEMENTOS PARA DISFRAZARSE (DESDE EL AÑO)

Sombreros, pañuelos, gorros, algún disfraz completo y todo aquello que nos permita escenificar o, simplemente, disfrutar de nuevas caracterizaciones o roles en el juego.

MATERIAL PLÁSTICO (DESDE EL AÑO)

Empezar siendo conscientes de que prácticamente todo pasa por la boca, por lo que los primeros elementos deben estar pensados o adaptados para esto: pintura de dedo (si tintas con colorante alimentario, un yogur, por ejemplo, funciona igual); ceras de fácil manejo, pegatinas, plastilina... y así, poco a poco, ampliar el material tanto en cantidad como en dificultad de uso o en necesidad de delicadeza y responsabilidad en el trato del mismo.

Como siempre sin pretensiones en el uso, el interés o la duración de la actividad que tengamos en mente para hacer con ese material.

¡Ojo! Cuidado con regalar con nostalgia: aunque nosotros usáramos un juguete de niños que estaba descatalogado y ahora vuelven a sacarlo, ese que nos trae un montón de recuerdos y que pensamos que, como nos encantaba a nosotros le gustará a nuestro hijo, ya me adelanto y les digo que se lo van a comer con patatas.

Si suena la flauta y muestra interés, a por ello; pero, si no es así, evitemos precipitarnos comprando o poniendo en el centro de juego ese elemento que para nosotros es tan importante (pero que seguramente para nuestro hijo no tanto).

Capítulo 6

EL JUEGO ES UN DERECHO; EL JUGUETE, UNA FACILIDAD

Todos nos merecemos jugar, pero pensar que se juega mejor teniendo cosas deriva en materialismo.

El juego es parte de nuestra necesidad de desarrollo y de nuestro derecho a crecer con información y herramientas para avanzar, apoyados en unas bases sólidas y seguras. El juguete acompaña y ayuda, pero no es primordial para jugar y no hace falta tener muchos para disfrutar; con tener y ser conscientes de lo que poseemos y usamos, todo irá bien.

¿CÓMO ENFOCAMOS EL JUEGO PARA QUE NO TODO GIRE ALREDEDOR DE UN JUGUETE?

DESTINEMOS RATOS DEL DÍA PARA QUE EL NIÑO JUEGUE

No tiene que ser siempre el mismo momento ni la misma duración, pero que todos los días tenga su rato de juego y entretenimiento. Los niños tienen que jugar diariamente, es mucho más importante que las rutinas y que los horarios, es más importante que todo.

BUSQUEMOS ENTORNOS DIFERENTES QUE PROVOQUEN CURIOSIDAD Y DESCUBRIMIENTO

Parques nuevos, otra habitación de la casa, un sitio de la ciudad distinto, la casa de algún familiar…, lugares en los que la información que reciben sea nueva y la creación del juego parta de cero.

INVOLUCREMOS A OTROS NIÑOS PARA QUE EMPIECEN A JUGAR CERCA, AUNQUE NO JUNTOS

Entornos donde encontremos pequeños de edades similares para que comiencen a compartir espacios de juego y, en el futuro, juegos y aficiones. Que puedan ver y observar a otros niños jugando motiva que ellos quieran jugar.

LLEVEMOS SIEMPRE ENCIMA ALGÚN JUGUETE O ELEMENTO QUE SE ADAPTE A CUALQUIER CONTEXTO DE JUEGO

Desde botes para hacer pompas hasta pegatinas, tizas, una pelota pequeña, animales de juguete. Que estemos donde estemos puedan utilizar lo que llevamos con nosotros.

JUGUEMOS A JUEGOS QUE NO REQUIERAN MATERIALES

Canciones, adivinanzas, escondite, juegos de manos, trucos de magia, etcétera, para comprobar que el juego no requiere, necesariamente, de un elemento físico y que se puede disfrutar sin tener algo en la mano.

Capítulo 7

¿CÓMO POTENCIAMOS QUE JUEGUEN SOLOS?

Primero, hay que acabar con el complejo de «mono de feria» que nos ha impuesto el devenir de los tiempos. Parece que, para sacarnos el «carnet de adulto» responsable de un menor, tenemos que computar horas de monitor de ocio y tiempo libre.

Padres y madres del mundo, vengo a daros una gran noticia: ¡no tenemos que estar jugando todo el rato con nuestro pequeño, ni empezar jugando a todo con él! No estamos aquí para que no se aburra, estamos aquí para quererle.

Segundo, aburrirse no es malo y, de hecho, es de las mejores cosas que le puede pasar a un ser humano. El aburrimiento es el motor más potente para la imaginación y la creatividad, el interés por descubrir y crear, el impulso de socialización y la búsqueda de interacción como añadido a su entretenimiento y no como guía única.

Además, acostumbrar a un niño a que un adulto guíe o comparta siempre el juego con él lo que consigue es ralentizar sus habilidades, disminuir su autonomía y autoestima, como podría hacerlo el jugar solo o el que tome él mismo la iniciativa.

¿CÓMO MOTIVO, ENTONCES, QUE JUEGUE SOLO?

CREAR ESPACIOS DE DESCUBRIMIENTO

Porque no es lo mismo que te den un paquete de pasta a encontrarte la pasta con tu salsa favorita preparada.

La clave es la presentación. Antes de que el niño entre en la habitación donde esté el juego, dejemos preparado el entorno de forma que «entre por los ojos», que lo invite a participar y atrape su interés.

Si son construcciones, que encuentre la caja abierta, una torre hecha y varias piezas en el suelo como reclamo. Si es material plástico, como podría ser la plastilina, en vez de encontrarse con los tres bloques de color de siempre, que vea preparadas algunas bolas de un color, rulos de otro y un par de pellizcos de un tercero. Si es un puzle, que tenga una esquina hecha y el resto de fichas estén ya boca arriba alrededor. La clave está en hacerlo atractivo, mostrarlo accesible e interesante.

ESTAR CERCA, PERO HACIENDO ALGO

A los niños, generalmente, con sentirse acompañados les vale durante gran parte de su juego. Quedémonos donde estén jugando, pero haciendo algo para nosotros, sabiendo que nos pueden llamar y podemos entrar a participar y volver a replegar hacia donde estábamos previamente.

BASARNOS EN SUS INTERESES PARA OFRECER JUEGO

No nos empeñemos en que arme puzles o que pinte con rotuladores; no hay mejor forma de que se entretengan con algo que facilitar lo que le gusta. Frases tales como «Es que mi hijo está obsesionado con los coches» o «Es que mi hija solo quiere cosas de caballos», son algunas preocupaciones que frecuentemente expresamos respecto a los intereses de nuestros hijos. Siempre y cuando la obsesión no limite el juego, no es un problema. Es decir, si le gustan los coches, pero juega a muchas cosas (aunque sea con ellos como hilo conductor de la actividad), no nos preocupemos. Todos tenemos temas que nos atraen en mayor medida y eso nos hace disfrutar más, no nos limita, sino que nos da seguridad y potencia que queramos explorarlos.

CUANDO TERMINE DE JUGAR, ACERQUÉMONOS Y PREGUNTÉMOSLE

Que nos cuente, que nos haga partícipe, que nos vea interesado y compruebe que no tenemos que estar haciendo lo mismo para compartir momentos, información y afecto.

Capítulo 8

¿CÓMO ORGANIZAR LOS JUGUETES EN CASA?

Sea como sea nuestra decoración, la disposición de nuestra casa, nuestros gustos o las preferencias de juguete de nuestro pequeño, lo que es indispensable es que los elementos de juego estén:

A SU ALTURA

Que los vea o, como mínimo, los intuya. Que tenga acceso físico o visual a todos aquellos elementos que pueda utilizar para jugar y disfrutar. Que, además de verse con facilidad, pueda alcanzarlo de manera autónoma e independiente.

CON POSIBLE RECONOCIMIENTO VISUAL

Si están en cestas o cajas, que tengan una pegatina distintiva o una imagen que represente lo que contiene o, si están en baldas abiertas, que puedan reconocerse con facilidad.

ROTAR DE VEZ EN CUANDO

Alternar juegos y juguetes es una manera muy sencilla y útil de provocar que los niños quieran volver a utilizar cosas que tenían más desplazadas. Cuando transformamos el entorno visual, provocamos que el niño deba habituarse al cambio a través de la observación, y eso le lleva a reencontrarse con aquello que tenía más olvidado o no recordaba tener.

Rotar es tan sencillo como cambiar de sitio muebles pequeños y lugares de almacenaje. Por lo menos que dos elementos que use de forma habitual estén en emplazamientos totalmente distintos y no vayan a ellos por inercia.

¿QUÉ PASA CON AQUELLOS JUEGOS QUE NO USAN O TIENEN MEDIO ABANDONADOS?

Hagamos lo siguiente: si no los usan, los guardamos en algún sitio de la casa al que no puedan acceder; esperemos un tiempo prudencial para volver a sacarlos (por lo menos tres semanas) y comprobemos si, al volver a dejarlos en el mismo sitio donde estaban previamente, hay interés. Si aun así sigue sin prestar atención, es el momento de darlo, donarlo o deshacerse de él.

Experiencia personal: en mi casa, no hay vez que le diga a mi marido «A este juguete no le hacen caso, lo voy a dar mañana mismo», que al día siguiente no paren de usarlo. Da igual que estén escuchando o que se lo diga cuando estamos a solas, es un «sexto sentido» de los menores de mi casa. Y aquí seguimos: con un correpasillos en casa que usan de carrito de la compra cuando juegan a restaurantes.

Capítulo 9

¿CUÁNTOS JUGUETES SON «MUCHOS JUGUETES»?

Me parece una pregunta muy lícita, pero totalmente subjetiva, porque no es lo mismo una vivienda con ambiente minimalista y un único hijo; una casa de verano que tiene los juguetes que llevas en la maleta; un hogar con familia numerosa y varios juguetes por niño, o una casa donde no se tira nada.

Y es que la cuestión, antes que cuántos se tienen, es cuántos se están usando a la vez. No pasa nada por tener todos los juguetes del mundo, mientras estén organizados, accesibles y haya espacio para usarlos. Eso sí, vamos con las claves para que tener no signifique cortocircuitar:

NO MÁS DE TRES A LA VEZ

A partir de tres juguetes a la vez en el espacio de juego, el cerebro es incapaz de retener la sobreinformación que le llega y «se desentiende», es decir, la capacidad de atención y concentración desaparece y da lugar a discusiones, descontento y sensación de «es que no sé con qué jugar».

ATENDER Y OBSERVAR, POR SI NO USAN ALGUNOS JUGUETES O YA NO ESTÁN PARA USAR

Al igual que decíamos en capítulos anteriores, si no se usan o no les prestan atención, es una buena oportunidad para darlos. Esto requiere observar sin juicios, no opinar en alto (y menos delante de los niños) si se usa o se deja de usar. Permitamos que las cosas sucedan de forma orgánica.

TENERLOS ORGANIZADOS Y QUE NO OCUPEN TODO EL ESPACIO DE JUEGO

El niño tiene que tener el lugar suficiente para tumbarse boca arriba, hacer «el ángel» como si estuviera en la nieve y aun así no tocar ningún juguete. Este sería el marcador del espacio mínimo necesario para el desarrollo del juego.

Para que, si empieza a haber más juguetes de los deseados en el espacio de juego, podamos frenar la posible sobreinformación, organizar las ideas y decidir cuáles sí van a seguir siendo parte de la diversión.

Extra: si están muy concentrados o entretenidos y ves alguna cosa de más, tampoco se acaba el mundo porque la recojamos. Cuando termine el juego, guardar los juguetes con él como parte de la rutina sería genial para el desarrollo de su autonomía y su responsabilidad. Pero, cero dramas si guardamos alguno por nuestra cuenta: prometido que no le estamos malcriando.

Capítulo 10

¿QUÉ PASA CON LOS JUGUETES CON PILAS, LUCES Y SONIDOS?

Tan malo es usarlos constantemente como demonizarlos. Parto de la base de que no soy muy fan, pero hay que ser realistas y asumir que forman parte de nuestro día a día. Están entre las opciones de regalo que les pueden hacer a nuestros hijos y dentro de nuestra realidad al socializar.

Como en casi todo, aquí os dejo las pautas básicas para usarlos sin culpa y con cabeza:

QUE NO OCUPEN TODO EL TIEMPO DE OCIO

Que un juguete que tiene luz, canciones, movimiento y un etcétera de avances tecnológicos no dirija todo el rato de juego. Mezclémoslos con los otros juguetes para que se puedan intercalar, metámoslos dentro de la rotación, como hemos hablado en un capítulo anterior, y motivemos que lo usen a ratos.

QUE SE UTILICEN TANTO ENCENDIDOS COMO APAGADOS

Que el que se pueda usar encendido, con toda la parafernalia que eso pueda suponer, no nos quite el usarlo apagado, para que así también sea un potenciador de la imaginación, un elemento más en el juego simbólico.

QUE NO SE PIENSE QUE SON ALGO MALO

Cuando lo usen, que no nos vean quejarnos, ni objetar, ni poner pegas. Que lo usen sin culpa y sientan que no es malo, que es parte de sus opciones de ocio como cualquier otra.

Cuanto más lo demonicemos, más ganas tendrán de usarlos (no hay nada más atractivo que lo que se nos niega).

QUE NO NOS VEAN DISFRUTAR SOLO CON DISPOSITIVOS

Porque, como en el ejemplo de cuando hay pocas cosas, si no les dejamos usar (o usar poco) algún juguete eléctrico y luego nos ven todo el rato con juegos de pantalla, nuestra fiabilidad se desvanece.

Experiencia personal (poco profesional, pero muy real): yo le quito las pilas a los juguetes en un porcentaje más bien elevado. No tengo vergüenza, pero tampoco siento culpa.

Capítulo 11

JUGUETES POR EDADES

CATALOGAR LOS JUGUETES POR EDADES SE HACE POR VARIOS MOTIVOS

SEGURIDAD

Por el tamaño de los objetos, el propósito del juego, los posibles riesgos derivados de la manipulación, la adaptación a posibles normas u objetivos del juego.

ATENCIÓN A SUS INTERESES

Porque los juegos y juguetes que se suelen ofrecer en tienda son diseñados por profesionales que están actualizados en cuanto a las modas e intereses de juego de los diferentes sectores de edad.

ATENCIÓN A SU CAPACIDAD

Dependiendo de lo que ofrezcan los juguetes, se destina a una u otra edad para que el juego se adapte a las habilidades motoras y cognitivas del niño.

Ahora bien, después de estos puntos, no podemos olvidar lo más relevante: que un niño de mayor edad de la recomendada juegue con un juguete, y más si es juego libre, nunca será algo malo. Un juguete en correctas condiciones se puede seguir usando siempre y cuando suscite interés.

Si nos dejamos llevar y no solo seguimos pautas, le damos espacio al juego simbólico y todo tipo de juguete sirve para cualquier edad, sin objeción.

¿QUÉ OPCIONES OS RECOMIENDO PARA TENER EN CASA DEPENDIENDO DE LA EDAD?

Partiendo de la base de tener siempre a mano el cajón de sastre mencionado previamente, y de que el material cuanta menos forma de juguete tenga, más captará su atención, les dejo recomendaciones por edades:

TRES A SEIS MESES

Sonajeros, pelotas blandas, mordedores, elementos con espejos.

SEIS A NUEVE MESES

Botellas sensoriales, pelotas, juguetes de texturas, instrumentos como palos de lluvia o panderetas, figuras de animales, juegos de bañera.

NUEVE A DIECIOCHO MESES

Elementos con ruedas, apilables, bancos de golpeo, figuras de alimentos, juguetes encajables, primeros puzles, material plástico básico.

DIECIOCHO MESES A TRES AÑOS

Patinetes o bicicletas adaptadas, disfraces, material plástico más elaborado, juegos de mesa, de cartas o de lógica.

TRES AÑOS EN ADELANTE

Materiales para practicar deportes a su elección, juegos cooperativos, elementos plásticos que requieran destreza (como tijeras), material adaptado para implicarse en actividades habituales de casa, como la cocina o la limpieza.

Los juguetes que se utilizan a una edad, como ya mencioné, se pueden seguir usando en los meses siguientes siempre que aún sean interesantes para el pequeño.

Capítulo 12

QUÉ NO ENTRA DENTRO DE «JUGUETES»

Esto lo utilizo casi como reafirmación personal, pero hay cosas que no entran dentro de la categoría de «juguetes», y me parece que nunca debemos escatimar en ellos: libros y música. Y, ¿por qué?

POR SU APORTE CULTURAL

En ambas opciones nos encontramos con información presente, pasada y (posiblemente) futura de las culturas que cohabitamos, porque nos llega información de otras formas de actuar, de vivir, de actuar, de convivir.

POR EL VALOR EMOCIONAL

En los dos casos hallamos expresiones y emociones de todo tipo que podemos sentir, nos pueden ayudar a comprender a otros, a empatizar, a conocer, a reconocer.

POR EL VÍNCULO QUE CREAN

Compartir música y lectura nos hace conectar con otras personas de una manera muy especial, nos ayuda a buscar gente afín con la que compartir entretenimiento y gustos.

Por todo esto, no escatimemos en ninguno, que no hay mejor inversión que la que se hace en cultura. Una casa llena de libros, cuentos y música es un hogar lleno de cosas que transmitir.

Capítulo 13

¿JUEGO SIMBÓLICO O JUEGO GUIADO?

Aquí no vamos a jugar a quién es mejor o peor, sino que les voy a contar los beneficios que aporta cada uno para que, cada vez que vuestro hijo se ponga con uno de ellos, penséis en la de cosas positivas que tiene.

JUEGO SIMBÓLICO

- Nos permite descubrir gustos e intereses de nuestros hijos a través de la observación.
- Es increíble para potenciar la creatividad y la imaginación.
- Nos ayuda a practicar situaciones que han generado conflicto previamente.
- Potencia el desarrollo del lenguaje.
- Ayuda a la autonomía y la autoestima.
- Crea espacios donde practicar interacción social susceptible de ser real.

JUEGO GUIADO

- Estructura el entorno inmediato: da información de lo que hay, de lo que está por venir y de todos los pasos que se deben seguir.
- Nos sirve para planificar el trabajo de actividades o habilidades concretas.
- Nos permite prepararnos para las posibles reacciones a la actividad.
- Favorece el trabajo en grupo, donde cada uno tiene un papel.
- Permite planificar el propósito del juego.

Ambos deben practicarse y surgir tras la muestra de interés del niño, y son de un gran valor a nivel de su desarrollo. Para saber si aplicar más uno u otro, atendamos a nuestro hijo de forma individual: probemos a sacarlo de su zona de confort en el juego para motivarle o ayudarle en aspectos que consideremos beneficiosos para él y que necesiten de nuestra participación y atención.

Capítulo 14

¿HORARIOS CONCRETOS DE JUEGO?

Por favor, no. Cuando a un niño le dicen cuándo debe jugar, con qué o cómo, el juego se convierte en una obligación y se pierde el interés, que es lo que menos deseamos que suceda. Si nosotros, los adultos, utilizamos el juego con intereses personales, no estamos pensando tanto en los niños, sino en lo que dirán de ellos, en poder alardear o en alcanzar objetivos que tenemos mentalmente organizados.

Pautar tiempos sin atender a su disposición, capacidad o receptividad los frustrará a ellos y, por ende, a nosotros. El propósito primario del juego, que es disfrutar, desaparece de la ecuación.

Nunca debemos poner horarios concretos para realizar juegos o actividades. Solo tenemos que hacerlo atendiendo a sus intereses, sus necesidades y a nuestra receptividad adulta para acompañar o gestionar las situaciones que surjan de ello.

Puedo entender que, por la mañana, se pongan actividades o juegos más dinámicos y, por la tarde, cuando se van acercando las rutinas previas a dormir, los juegos sean más tranquilos; pero mejor que cada niño juegue el tiempo que quiera y con lo que quiera para que este siempre sea el «lugar» al que ir en cualquier situación y circunstancia.

¿PANTALLAS?

No es cuestión de no usarlas, sino de saber cómo hacerlo. Ya vale de lecciones de moral y buenismo tóxico con esto de que las pantallas «son el demonio», y que quien las usa está destrozando a sus hijos a nivel cognitivo. Claro que no son la mejor opción, pero si las usamos con cabeza y sin abusar, no van a cargarse las bases de aprendizaje de un niño, básicamente porque no son prioritarias en su juego ni en sus interacciones.

DEBEMOS EVITAR PANTALLAS

PARA SUPLIR EL JUEGO

Siempre que los niños quieran y puedan moverse libremente, que las pantallas no se ofrezcan como opción, que prime la investigación del entorno, el movimiento y la actividad lúdica creativa.

PARA ACOMPAÑAR RUTINAS

Que las pantallas no formen parte de aquellos momentos en los que necesitamos (y queremos) que nuestros pequeños sean conscientes de lo que se hace y se impliquen en ello, como el baño, la comida, recoger o vestirse.

PARA CANALIZAR EMOCIONES

Nosotros somos en quienes deben apoyarse cuando necesiten consejo, consuelo, comprensión, desahogo, compartir alegría o mostrar euforia. Si suplimos nuestro contacto con una pantalla, estaremos privándoles de una gestión real con soluciones adaptadas a ellos y no genéricas.

ANTES DE DORMIR

Para dejar «al cerebro descansar» de tanta información sin esfuerzo y que genere información nueva, que permita al cuerpo relajarse y entrar en una dinámica óptima para el sueño. La luz de las pantallas y el ritmo de los programas de dibujos lo que consiguen es lo contrario a lo que necesitamos para descansar correctamente.

Capítulo 16

¿Y SI PARECE QUE NO LE INTERESA JUGAR A NADA?

Todos los niños, antes o después, tienen rachas en las que parece que nada les interesa o que todo los entretiene poco. Pueden tener un motivo constatable (novedades intensas como la llegada de un hermano o una mudanza) o puede parecer que no tienen razón de ser y eso nos preocupe o frustre. Cuando nos centramos más en el motivo que en la posible solución, entramos en un bucle que acaba, siempre, en discusiones que no llegan a ningún puerto.

ENTONCES, ¿QUÉ HACER EN ESOS CASOS?

INTENTAR INTERACTUAR MÁS

Cuando muestren interés en algún juego, participemos más activamente con ellos para ver si, actuando conjuntamente, vuelven a crecer sus capacidades de entretenimiento.

HACER PREGUNTAS

Pedir directrices, interactuar verbalmente para picar la curiosidad y darles el mando de la situación.

DESARROLLAR ALGUNA ACTIVIDAD AL AIRE LIBRE EN UN ENTORNO DIFERENTE AL HABITUAL

Salir de la tónica habitual, de la zona de confort. Descubrir cosas nuevas que puedan ser interesantes o que puedan empezar a formar parte del juego de ahí en adelante.

OFRECER UN MATERIAL NUEVO

Para ejercicios de movimiento, manualidades, construcción..., algo novedoso entremezclado con lo ya conocido que capte su atención y sirva para engancharse de nuevo al juego.

DAR RIENDA SUELTA A SUS IDEAS

Permitir más libertad de juego o frenar menos las ideas que nos propongan, a las que habitualmente nos oponemos por pereza o porque implican más atención o guía por nuestra parte.

NO FORZAR NI COMPARAR

No obligarlo a que juegue con nada ni hacer referencia a cuando sí lo hacía con equis cosa; entender que todos tenemos derecho a mostrar más o menos interés en los objetos, que cada uno tiene sus ritmos y sus tiempos, y que los ritmos ajenos no son mejores, sino distintos.

NO TENER PRISA

Todo vuelve a su cauce y muchas veces esa falta de interés es la antesala de un hito en la madurez cognitiva del niño. En el momento en que todo se estabiliza, el interés y los juegos vuelven.

Capítulo 17

JUEGOS POR EDADES

Vamos con ideas para jugar con los más pequeños desde los tres meses hasta los tres años, actividades con materiales muy sencillos que se pueden adaptar a cualquier momento, estemos donde estemos y con quien sea. El verdadero objetivo, siempre, es disfrutar; que suceda el resto de cosas es un plus. Sin presión, sin expectativas, sin agobios, sin prisas.

¿Y A PARTIR DE LOS TRES AÑOS? ¿EL LIMBO DEL JUEGO?

Creo que es más difícil saber cómo interactuar con niños hasta los tres años. A partir de ahí, y con la información previa de este libro, podremos facilitar el juego a través de, como decíamos, la imaginación, la observación, los gustos y los intereses.

¿A QUÉ JUGAMOS CON UN BEBÉ DE TRES A SEIS MESES?

JUEGO 1

Elementos que necesitamos para este juego: dos aros de madera, lazos o cordones de colores.

Instrucciones:

- Tumbamos al bebé boca arriba, agarramos un aro y anudamos, de uno en uno, los lazos en él en el orden que queramos. El otro aro lo dejamos desnudo.
- Le ofrecemos el aro desnudo para que se lo pueda acercar a la boca y, con el aro que tiene los lazos, jugamos a moverlo de forma lenta y en diferentes direcciones sobre él para que lo siga con la mirada.
- Subimos y bajamos para que intente alcanzarlo y, si lo agarra en algún momento, abrimos la mano, la acariciamos y continuamos el juego.
- Acompañamos la actividad con nuestra voz todo el rato, le hablamos en un tono dulce.

Os cuento lo que conseguís potenciar con este juego: Motricidad gruesa con el movimiento completo de mano y brazos, coordinación óculo-manual, fortalecimiento de la espalda, estimulación sensorial, relación de afecto, sensación de protección y seguridad.

JUEGO 2

Elementos que necesitamos para este juego: dos aros de madera, lazos o cordones de colores.

Instrucciones:

- Tumbamos al bebé boca arriba, anudamos todos los lazos a un aro y los extremos de los mismos al aro contrario. Le damos un aro al bebé y el otro lo agarramos. Jugamos a tirar y aflojar con él a la vez que balanceamos las cintas. Vayamos variándole la mano.
- Pongámoslo boca abajo y realicemos la misma actividad, tirando y aflojando sin hacer fuerza y con movimientos lentos.
- Acompañemos el juego con nuestra voz todo el rato, hablándole en tono dulce.

Os cuento lo que conseguís potenciar con este juego: fortalecimiento de las extremidades, motricidad gruesa y fina de la mano, coordinación óculo-manual, fortalecimiento de la espalda, estimulación sensorial, asociación emocional positiva hacia nuestra voz, vínculo de afectividad.

JUEGO 3

Elementos que necesitamos para este juego: telas de colores.

Instrucciones:

- Colocamos al bebé boca arriba y atamos una tela a cada una de las extremidades con un nudo sencillo.
- Las dos telas sobrantes son para nosotros, nos las atamos una en cada mano.

- Escogemos música para que suene de fondo y movemos las manos al ritmo de la música sobre el bebé. Dejamos que el bebé tenga movimiento libre de manos y pies mientras mueve las telas.

Os cuento lo que conseguís potenciar con este juego: desarrollo de sus movimientos libres, coordinación corporal, seguimiento visual, estimulación sensorial, relajación, vínculo de afectividad.

JUEGO 4

Elementos que necesitamos para este juego: telas de colores.

Instrucciones:
- Ponemos música relajante. Seleccionamos una de las telas y hacemos una bola metiéndola en la mano de manera que sobresalga un poco en la parte frontal de la palma. Tumbamos al bebé boca abajo y, empezando por la cabeza, vamos haciendo movimientos circulares sobre él muy pausados y suaves. Continuamos por cuello, brazos, manos, espalda, piernas y pies.
- Seguidamente, tumbamos al bebé boca arriba y, empezando por la cara, realizamos los mismos movimientos circulares en cuello, brazos, manos, tripa, piernas y pies. Le entregamos la tela, al terminar, sobre las manos y lo dejamos con movimiento libre.

Os cuento lo que conseguís potenciar con este juego: conciencia primaria de su cuerpo (intuición de totalidad corporal), estimulación sensorial, relajación, sensación de pertenencia y vínculo emocional basado en el contacto y la voz.

JUEGO 5

Elementos que necesitamos para este juego: plumas, un cordón o una cuerda.

Instrucciones:

- Agarramos las plumas y las colocamos en un montón. Acompañamos toda la actividad con nuestra voz, hablando en un tono dulce y continuo. Colocamos al bebé boca arriba y sujetamos la mitad de las plumas con cada mano.
- Mientras hablamos, vamos paseando las manos con las plumas por todo su cuerpo de forma libre y rítmica. Cuando consideremos oportuno, dejamos las plumas de una mano, agarramos el cordel y lo paseamos por su cuerpo moviéndolo de forma serpenteante, de manera tal que, con una mano, masajeamos con las plumas y, con la otra, con el cordel.
- Cambiamos las plumas y el cordel de mano y seguimos haciendo el mismo ejercicio, sin olvidar acompañarlo con la voz.

Os cuento lo que conseguís potenciar con este juego: reconocimiento corporal y auditivo, fortalecimiento muscular, estimulación sensorial, vínculo afectivo, relajación corporal.

JUEGO 6

Elementos que necesitamos para este juego: tres aros.

Instrucciones: colocamos al bebé boca arriba y le acercamos un aro a cada mano para que los coja. No abramos su mano, tengamos paciencia y ofrezcámoselo, que lo agarrará. El tercer aro lo tenemos nosotros en la mano y hacemos un juego musical con la siguiente serie:

- Golpeamos, una sola vez y con poca fuerza, uno de los aros de su mano con el aro que tenemos nosotros. Seguidamente, golpeamos una sola vez el otro aro. Contamos hasta diez y repetimos.
- Golpeamos, dos veces y con poca fuerza, uno de los aros de su mano con el aro que tenemos nosotros. Seguidamente, golpeamos dos veces el otro aro. Contamos hasta diez y repetimos.

- Golpeamos, tres veces y con poca fuerza, uno de los aros de su mano con el aro que tenemos nosotros. Seguidamente, golpeamos tres veces el otro aro. Contamos hasta diez y repetimos.
- La serie no se divide en un aro y luego el otro, sino que lo golpeamos de izquierda a derecha, balanceando el que tenemos en la mano, cuatro veces.
- Contamos hasta diez y repetimos el golpeteo de izquierda a derecha y balanceando el aro tres veces.
- Contamos hasta diez y repetimos el golpeteo de izquierda a derecha y balanceando el aro dos veces.
- Agarramos una mano del bebé, le acariciamos para que la abra y sujetamos un aro y, con el mismo procedimiento, el otro.

Os cuento lo que conseguís potenciar con este juego: reconocimiento auditivo, motricidad gruesa con el movimiento completo de mano, fortalecimiento muscular, estimulación sensorial, sensación de protección, sensación de afecto, favorecimiento del vínculo.

JUEGO 7

Elementos que necesitamos para este juego: un cordel o una cuerda, una bobina de madera.

Instrucciones:
- Sujetamos únicamente la bobina y colocamos al bebé boca arriba.
- Arrastramos la bobina con la palma de nuestra mano hacia adelante y hacia atrás, empezando por las piernas. Repetimos el arrastre hasta cinco veces.
- Seguimos por la tripa, los brazos, las manos, el contorno de la cabeza con mucho cuidado, todas las veces haciendo el mismo movimiento: arrastre con la palma de la mano hacia delante y hacia atrás, repitiéndolo hasta cinco veces en cada parte del cuerpo.
- Introducimos el cordel a través de la bobina y hacemos un nudo simple que permita que la bobina no se escape.

- Colocamos al bebé boca abajo, con la cabeza ladeada hacia el lado que más cómodo veamos que está.
- Esta vez, arrastramos la bobina utilizando el cordel para guiarlo, tensándolo a una distancia completa de la bobina de punta a punta.
- Si queremos añadir algo más, ponemos música relajante y vamos pasando la bobina guiada por el cordel por todo el cuerpo, empezando por la planta del pie, pierna, espalda, brazo, cuello, hasta la cabeza.
- Repetimos el ejercicio por lo menos tres veces.

Os cuento lo que conseguís potenciar con este juego: reconocimiento y relajación muscular, estimulación sensorial, vínculo emocional, sensación de protección.

¿A QUÉ JUGAMOS CON UN BEBÉ DE SEIS A NUEVE MESES?

JUEGO 1

Elementos que necesitamos para este juego: aquellos de los que hay en casa, tales como una cuchara, una esponja, papel de pompas, una pelota, una cesta o una caja para meterlo todo.

Instrucciones:
- Sentamos al bebé y ponemos la caja abierta con los materiales de juego frente a él. Dejamos que manipule, toque, experimente, lance, siempre vigilado porque puede haber elementos pequeños.
- Cuando lleve un rato jugando solo, entramos nosotros de la siguiente forma: tomamos la palma de su mano, seleccionamos un material y se lo pasamos por la mano para que reconozca texturas. Luego, hacemos lo mismo por la planta del pie.
- Repetimos el ejercicio con todos los materiales y, al terminar, dejamos otra vez todo en la caja para que siga investigando.

Os cuento lo que conseguís potenciar con este juego: motricidad fina, motricidad gruesa, reconocimiento corporal, fortalecimiento muscular, estimulación sensorial, coordinación, concentración, vínculo afectivo, autonomía, confianza en sí mismo, autoestima, refuerzo del vínculo emocional.

JUEGO 2

Elementos que necesitas para este juego: telas de colores, un cubo de madera (u otro elemento de madera).

Instrucciones:
- Sentamos al bebé frente a nosotros y ponemos el material entre ambos. Dejamos que lo manipule libremente unos minutos. Al pasar dicho tiempo, le damos el cubo para que juegue con él y, a la vez, ponemos una de las telas sobre sus manos para tapar el cubo. Levantamos la tela lentamente y repetimos la acción cambiando el color de la tela. Por último, ponemos las dos telas encima del objeto y las levantamos de forma lenta.
- Apartamos el cubo y le dejamos las telas para que las manipule. Al cabo de unos minutos, las agarramos y, atendiendo a que el bebé nos mira, nos ponemos por encima una de las telas y, después, la otra sobre él.
- Cuando se caigan o se quiten, realizamos la misma actividad, pero intercambiando los colores.
- Volvemos a dejar todo el material en el centro para que lo manipule libremente.

Os cuento lo que conseguís potenciar con este juego: motricidad fina, motricidad gruesa, fortalecimiento muscular, estimulación sensorial, coordinación, concentración, vínculo afectivo, autonomía, refuerzo del vínculo emocional.

Elementos que necesitamos para este juego: un ovillo de lana, una bobina.

Instrucciones:
- Agarramos el ovillo de lana, enrollamos unas diez vueltas alrededor de la bobina, lo cortamos y hacemos un nudo al final.
- Vamos a motivar el gateo sacando lana del ovillo y a moverla por la habitación para que el bebé intente tomar la bobina. La acercamos y alejamos en función de su interés y capacidad para moverse.
- Si llega a agarrar la bobina, aplaudimos y celebramos, le abrimos la palma con dulzura y la volvemos a poner en el suelo.

Os cuento lo que conseguís potenciar con este juego: motricidad fina, motricidad gruesa, fortalecimiento muscular, estimulación sensorial, coordinación, concentración, vínculo afectivo, autonomía, refuerzo del vínculo emocional.

Elementos que necesitamos para este juego: un ovillo de lana, una bobina.

Instrucciones:
- Cortamos dos trozos largos del ovillo de lana: uno lo ponemos en una bobina atada desde un extremo, mientras que el otro se queda desnudo.
- Sentamos al bebé frente a nosotros con la distancia que nos den los hilos para que, entre ambos, quede la lana estirada con la bobina en el lado del bebé.
- Serpenteamos con ambos hilos, despacio, intentando que se mueva hacia nuestra dirección, siguiendo uno de los dos. Si agarra el que no tiene bobina, dejamos que siga cogiéndola, ya que no tiene ningún elemento que incomode su apoyo; pero si

toma la bobina, soltamos el extremo que agarramos nosotros y únicamente seguimos moviendo el hilo de lana desnudo.

- Podemos aumentar la actividad con tres y hasta con cuatro hilos, moviendo de forma aleatoria unos u otros en función de que nos interese que se mueva hacia distintos lados.
- Cuando decidamos acabar el juego, dejamos todo el material en el centro para que lo manipule libremente.

Os cuento lo que conseguís potenciar con este juego: motricidad fina, motricidad gruesa, fortalecimiento muscular, estimulación sensorial, coordinación, concentración, vínculo afectivo, autonomía, refuerzo del vínculo emocional.

JUEGO 5

Elementos que necesitamos para este juego: una esponja.

Instrucciones: jugamos dentro de la bañera, a la hora que acostumbramos a bañar al pequeño.
- Sumergimos la esponja y la elevamos apretándola para que caiga el agua, siempre buscando que el niño esté mirando lo que hacemos.
- Vamos variando la altura desde donde soltamos el agua, la acercamos y alejamos de él.
- Con la esponja húmeda, pero sin estar llena de agua, comenzamos a hacer movimientos circulares por su espalda, de abajo a arriba, terminando en el cuello.
- Hacemos lo mismo con los brazos, empezando por el hombro y finalizando en la mano con movimientos circulares; seguimos con las piernas, empezando por el muslo y terminando con las plantas de los pies.
- Vamos a finalizar con la cara pasando la esponja desde la cabeza hasta el cuello, llegando a todas partes.
- Cuando acabamos de masajear el cuerpo entero, dejamos la esponja para que juegue libremente.

Os cuento lo que conseguís potenciar con este juego: relajación, reconocimiento del esquema corporal, motricidad gruesa, motricidad fina, vínculo afectivo, estimulación sensorial, refuerzo del vínculo emocional, autoestima.

Elementos que necesitamos para este juego: dos bobinas de madera, un cordel o cordón, una esponja, plumas, papel de pompas.

Instrucciones. Vamos a comprobar que podemos hacer ruido con todos los elementos de la caja. Nos sentamos frente al bebé con la caja escondida detrás de nosotros y vamos sacando los materiales para hacer ruido de la siguiente forma:
- Las dos bobinas chocan una con la otra.
- El papel de pompas lo explotamos o lo frotamos, dependiendo de la receptividad al ruido del bebé.
- El cordel lo agarramos por una extremidad y lo movemos rápido, de arriba hacia abajo haciéndolo chocar con el suelo.
- Mojamos la esponja y la lanzamos desde arriba hasta un cubo o barreño que pongamos en medio para que suene y no llenemos de agua todo a su vez.
- Las plumas las pasamos por encima del papel de burbujas de forma aleatoria.

Después de demostrarle que todos pueden hacer ruido, dejamos que el pequeño elija los elementos y nosotros facilitamos el ruido con base en el que elija:
- Si agarra una bobina, nosotros tomamos la otra y la chocamos con él.
- Si agarra la esponja, ayudamos a que caiga sobre el barreño.
- Si agarra las plumas, acercamos el papel burbuja y se lo pasamos acerca.
- Si agarra el papel de pompas, lo friccionamos con él.
- Si agarra el cordel, dejamos que lo mueva libremente.

Os cuento lo que conseguís potenciar con este juego: discriminación auditiva, motricidad gruesa, motricidad fina, vínculo afectivo, estimulación sensorial, refuerzo del vínculo emocional.

¿A QUÉ JUGAMOS CON UN BEBÉ DE NUEVE A DIECIOCHO MESES?

JUEGO 1

Elementos que necesitamos para este juego: bobinas de madera, cordones o lazos de colores.

Instrucciones:
- Sentamos al pequeño frente a nosotros y ponemos el material en el medio. Dejamos que lo toque y lo manipule libremente (siempre vigilándolo, nunca lo dejamos solo con el material).
- Agarramos, entonces, las bobinas y las ponemos en fila con una distancia pequeña entre ellas. Lo llamamos y atraemos su atención para que vaya a por ellos. No hay orden de llegada ni debe alcanzar a todos siempre.
- Vamos cambiando las distancias y la ubicación de las bobinas: en forma de zigzag, unas en el suelo y otras sobre una mesa baja.
- Dejamos las bobinas y tomamos los cordones. Ponemos al niño en posición de gateo, estiramos los cordones y vamos moviéndolos lentamente desde donde esté hacia donde estemos. Los acercamos y alejamos para atraer su atención. Vamos distanciándonos conforme vemos que se mueve y nos sigue para alcanzarlos.
- Cuando empiece a ponerse de pie o a caminar, realizaremos las mismas actividades para trabajar su coordinación y ejercitar la fuerza de sus piernas.

Os cuento lo que conseguís potenciar con este juego: motivación del gateo, movimiento corporal libre, movimiento corporal guiado, coordinación óculo-manual, primeros pasos, autoestima, fortalecimiento del vínculo afectivo, tolerancia a la frustración.

Elementos que necesitamos para este juego: plumas.

Instrucciones:
- Colocamos al bebé sentado frente a nosotros y ponemos las plumas entre los dos. Le enseñamos una (o la cantidad que queramos) y, comprobando que la sigue con la mirada, la colocamos detrás de él. Motivamos que la coja y lo celebramos si lo hace.
- Repetimos la acción variando el lugar en el que dejamos las plumas, comprobando siempre que sigue con la mirada dónde se dejan y variando también distancias y alturas. Cuando empiece a ponerse de pie o a caminar, realizaremos las mismas actividades para trabajar su coordinación y ejercitar la fuerza de sus piernas.

Os cuento lo que conseguís potenciar con este juego: motivación del gateo, movimiento corporal libre, movimiento corporal guiado, coordinación óculo-manual, primeros pasos, autoestima, fortalecimiento del vínculo afectivo, tolerancia a la frustración.

Elementos que necesitamos para este juego: cordones, plumas.

Instrucciones:
- Le damos al bebé dos cordones, uno para cada mano, e intentamos que los coja por un extremo. Agarramos la otra punta del cordón y nos sentamos frente a él.
- Jugamos a tirar y aflojar hacia nosotros de forma diferente con cada mano y siempre midiendo la fuerza.

- Si el bebé ya camina, agarramos los cordones de la misma forma y caminamos por la habitación moviendo los brazos guiados por nuestro movimiento.
- Dejamos los cordones y agarramos las plumas. Jugamos a tirarlas tanto por encima de nosotros como del bebé, que lo hará por imitación. Cuando las plumas lleguen al suelo, tomamos una y le hacemos cosquillas con ella.
- Repetimos el ejercicio y la forma de tirarlas la iremos variando en velocidad y en cantidad de plumas, siempre acabando con las cosquillas usando la pluma. Si el bebé las tira, lo celebramos y aplaudimos su ejercicio.

Os cuento lo que conseguís potenciar con este juego: fortaleza en las extremidades, movimiento corporal guiado, coordinación óculo-manual, motricidad fina, motricidad gruesa, autoestima, fortalecimiento del vínculo afectivo, estimulación sensorial.

JUEGO 4

Elementos que necesitamos para este juego: una botella de plástico.

Instrucciones:
- Sentamos al pequeño frente a nosotros y le damos el material. Dejamos que lo toque y lo manipule libremente (siempre vigilándolo, nunca lo dejamos solo con este).
- Después, agarramos elementos que se correspondan con la estación del año en la que nos encontremos, los introducimos en la botella y la cerramos fuerte. Le damos el material también para que pueda participar del llenado (ejemplos sencillos: primavera-flores; verano-conchas; otoño-piñas; invierno-hojas perennes).
- Crearemos, así, una botella sensorial manipulativa con la que podremos jugar a descubrir y a reconocer.

- Cuando empiece a ponerse de pie o a caminar, ponemos la botella a diferentes distancias o alturas para que pueda buscarla en el entorno.

Os cuento lo que conseguís potenciar con este juego: motricidad fina y ejercitación de la pinza, movimiento corporal libre, movimiento corporal guiado, coordinación óculo-manual, autoestima, fortalecimiento del vínculo afectivo, tolerancia a la frustración.

JUEGO 5

Elementos que necesitamos para este juego: plumas, lazos.

Instrucciones:
- Colocamos al bebé sentado frente a nosotros y ponemos las plumas atadas a las lazadas entre ambos. Le enseñamos una (o la cantidad que queramos) y, comprobando que la sigue con la mirada, empezamos a moverla tirando de los lazos de forma lenta, en diferentes direcciones y con distintos ritmos. Motivemos que la coja y celebrémoslo si lo hace.
- Repetimos la acción variando la cantidad de plumas atadas, comprobando siempre que sigue con la mirada dónde se dejan para que pueda alcanzarlas y variando también distancias y alturas.
- Cuando empiece a ponerse de pie o a caminar, realizaremos las mismas actividades para trabajar su coordinación y ejercitar la fuerza de sus piernas elevando las plumas hacia arriba, en movimiento de cascada.

Os cuento lo que conseguís potenciar con este juego: motivación del gateo, movimiento corporal libre, movimiento corporal guiado, coordinación óculo-manual, primeros pasos, autoestima, fortalecimiento del vínculo afectivo, tolerancia a la frustración.

Elementos que necesitamos para este juego: pompones.

Instrucciones:
- Damos al bebé los pompones dentro de un recipiente apto para que lo pueda manipular y ponemos, entre nosotros y el bebé, otro recipiente.
- Cambiamos los pompones de un recipiente a otro sin importar la cantidad que cojamos, pero atendiendo al trasvase.
- Cuando estén todos en el otro receptáculo repetimos la actividad, pero esta vez intentando que se cojan de uno en uno, haciendo un trasvase más lento, aunque más eficiente.

Os cuento lo que conseguís potenciar con este juego: movimiento corporal guiado, coordinación óculo-manual, motricidad fina, motricidad gruesa, autoestima, fortalecimiento del vínculo afectivo, estimulación sensorial, tolerancia a la frustración.

JUEGO 7

Elementos que necesitamos para este juego: lazos, plumas, pompones.

Instrucciones:
- Por un lado, sobre un folio, hacemos un dibujo de los tres elementos con los que vamos a trabajar. Por otro lado, ponemos los tres objetos dentro de una caja donde no se puedan ver. Metemos la mano a ciegas y, al sacar el elemento, lo colocamos sobre el objeto dibujado al que se asemeje. El juego debe ser guiado y, si lo consigue, celebrado.
- A mayor edad, podremos aumentar la dificultad y diferenciar por colores o añadir desplazamientos a la actividad (agarrando el elemento en un sitio y llevándolo al folio que se encuentre a unos metros).

Os cuento lo que conseguís potenciar con este juego: movimiento corporal guiado, coordinación óculo-manual, motricidad fina, motricidad gruesa, reconocimiento del entorno y los elementos, autoestima, fortalecimiento del vínculo afectivo, estimulación sensorial.

JUEGO 8

Elementos que necesitamos para este juego: lazos.

Instrucciones: atamos los lazos en un elemento pesado para que no pueda ser desplazado a diferentes alturas o con lazadas sencillas. El bebé debe deshacerlos y, cuanto más se desplace, mayor distancia pondremos o alturas entre las lazadas para motivar el movimiento.

Os cuento lo que conseguís potenciar con este juego: fortalecimiento de las extremidades, movimiento corporal guiado, coordinación óculo-manual, motricidad fina, motricidad gruesa, motivación del gateo y el desplazamiento, autoestima, fortalecimiento del vínculo afectivo, estimulación sensorial.

¿A QUÉ JUGAMOS CON UN BEBÉ DE DIECIOCHO MESES A TRES AÑOS?

JUEGO 1

Elementos que necesitamos para este juego: un cubo de madera, ceras.

Instrucciones: pintamos cada cara del cubo de madera de un único color para poder utilizarlo de dado. Después, lo lanzamos y usamos variaciones como:
- Reconocer y decir el color que vemos en la parte superior del cubo.
- Buscar un elemento de la habitación del mismo color y traerlo.
- Llegar a un elemento de la habitación lo más rápido posible que se relacione con ese color.

Os cuento lo que conseguís potenciar con este juego: ubicación espacial, coordinación, concentración, reconocimiento del entorno, autonomía, autoestima, refuerzo del vínculo emocional, memoria.

JUEGO 2

Elementos que necesitamos para este juego: un pañuelo o un trozo de tela.

Instrucciones:
- Atamos un extremo del pañuelo a nuestra mano, y el otro a la del niño.
- Movemos la mano lentamente, y le decimos que imite el movimiento que realizamos (como una marioneta). Empezamos guiando nosotros y, a los pocos minutos, dejamos que sea él quien decida cómo y dónde mover la mano de la misma forma.
- Extra: ir tocándonos partes de la cara (mientras estamos atados) y diciéndolas en alto para que sean repetidas.

Os cuento lo que conseguís potenciar con este juego: ubicación espacial, coordinación, concentración, imitación, autonomía, confianza en sí mismo, autoestima, refuerzo del vínculo emocional, memoria.

JUEGO 3

Elementos que necesitamos para este juego: un ovillo de lana.

Instrucciones:
- Opción 1: utilizamos la lana para hacer circuitos efímeros, enganchando la lana a diferentes elementos de la habitación para que suponga un reto sencillo desplazarse por encima, reptando, agachándose, elevándose, saltando. Al acabar la actividad, lo recogemos entre los dos y creamos un nuevo circuito (para participar juntos) en otra habitación. Podemos dejar que él elija el recorrido

e incluso vaya colocando el ovillo por donde considere, guiándolo si pensamos que la dificultad puede aumentar o disminuir.

- **Opción 2:** utilizamos una caja de cartón de un tamaño manejable para el niño. Hacemos agujeros en ella y con la lana jugamos a coser, atravesando los orificios de forma totalmente aleatoria cada vez. La única norma es atravesar todos los agujeros con la lana.

Os cuento lo que conseguís potenciar con este juego: ubicación espacial, coordinación, concentración, ejercitar el movimiento de la pinza, reconocimiento óculo-manual, autonomía, confianza en sí mismo, autoestima, refuerzo del vínculo emocional, memoria, paciencia, tolerancia a la frustración.

JUEGO 4

Elementos que necesitamos para este juego: un pañuelo, un ovillo de lana.

Instrucciones: ponemos todo el material esparcido sobre la mesa y lo agarramos de uno en uno, utilizando el vocabulario que ya haya adquirido para describirlo. Cuando hayamos mencionado todos los materiales, los dejamos en la mesa y decimos una de las palabras de las descripciones, señal para agarrar el material al que nos referimos.

Ejemplo: si utilizamos la palabra «suave» para el pañuelo, o «redondo» para la lana al describirlos, usamos las mismas palabras para reconocer y seleccionar el material en el montón.

Os cuento lo que conseguís potenciar con este juego: ubicación espacial, concentración, coordinación óculo-manual, autonomía, confianza en sí mismo, autoestima, refuerzo del vínculo emocional, memoria, coordinación.

Elementos que necesitamos para este juego: plumas, cordones, bobinas, plastilina.

- Vamos a comprobar qué puede pasar y qué no por el orificio de las bobinas. Las plumas y los cordones de colores no opondrán resistencia y será cuestión de paciencia y constancia, pero la plastilina debemos malearla para conseguir el propósito.
- Dejamos que el pequeño vaya haciéndolo solo y lo ayudamos si lo vemos bloqueado o si lo pide.

Os cuento lo que conseguís potenciar con este juego: ubicación espacial, coordinación, concentración, memoria, autonomía, autoestima, refuerzo del vínculo emocional, imaginación, paciencia, memoria.

JUEGO 6

Elementos que necesitamos para este juego: plumas, plastilina.

Instrucciones: hacemos bolitas de distintos tamaños y colores con la plastilina. Las colocamos sobre una superficie plana y vamos clavando las plumas sobre ellas. Comprobamos que, por su tamaño, en algunas caben más y en otras menos, que en algunas hay más espacio y en otras menos. Jugamos con el tamaño y el espacio.

Os cuento lo que conseguís potenciar con este juego: ubicación, coordinación, concentración, autonomía, confianza en sí mismo, autoestima, refuerzo del vínculo emocional, memoria.

JUEGO 7

Elementos que necesitamos para este juego: cordones o lazos de colores.

Instrucciones:

- Opción 1: colocamos todos los cordones en un montón y decimos un color, que será el que habrá que agarrar utilizando únicamente el dedo pulgar y el índice de la mano dominante. Tomamos todos los colores de uno en uno y, al terminar, realizamos la misma actividad, pero con la otra mano.

- Opción 2: agarramos un cordón por un extremo con una mano y deslizamos, lentamente, la mano por todo el cordón hasta llegar al otro extremo. Añadimos los cordones uno a uno hasta tenerlos todos, realizando la misma actividad e intentando que no se resbale ninguno de ellos.

Os cuento lo que conseguís potenciar con este juego: ubicación espacial, coordinación, concentración, ejercitar el movimiento de la pinza, autonomía, confianza en sí mismo, autoestima, refuerzo del vínculo emocional, memoria.

JUEGO 8

Elementos que necesitamos para este juego: cordones de colores, bobinas, plastilina, plumas.

Instrucciones: ponemos todo el material esparcido sobre la mesa y lo agarramos de uno en uno utilizando el vocabulario hasta aquí adquirido para describirlo. Cuando hayamos mencionado todos los materiales, los dejamos en la mesa y decimos una de las palabras de las descripciones, que será la señal para tomar el material al que nos referimos.

Ejemplo: si utilizamos la palabra «suave» para la pluma o «redondo» para la bobina al describirlos, usamos las mismas palabras para reconocer y seleccionar el material en el montón.

Os cuento lo que conseguís potenciar con este juego: ubicación espacial, concentración, coordinación óculo-manual, autonomía, confianza en sí mismo, autoestima, refuerzo del vínculo emocional, memoria, coordinación.

Para aprender, para crecer, para conocernos a nosotros mismos, para conocer a los demás, para descubrir, para avanzar…: para todo lo importante en la vida, el mejor vehículo es el juego. Con él interiorizamos las cosas a través del disfrute. Con él creamos aprendizajes duraderos. Con él somos capaces de transmitir. Que no pase un día sin que nuestros niños jueguen.

VOCABULARIO

CONCIENCIA PRIMARIA DEL CUERPO

Es la habilidad de reconocer el cuerpo en su totalidad e ir, poco a poco, controlando cada movimiento y función para la que está destinada dicha parte del cuerpo.

COORDINACIÓN ÓCULO-MANUAL

Es la habilidad para ajustar y sincronizar los movimientos de nuestras manos o dedos entre sí o en relación a un objeto.

JUEGO SIMBÓLICO

Es una etapa de juego vital en la infancia que surge sobre los dos años y posibilita crear otros mundos, vivir otras vidas, jugar a ser otros y así aprender a pensar, a sentir e interactuar. Es un juego libre y autónomo que no necesita condiciones y se enriquece con los espacios, los objetos, los tiempos y las personas que lo conforman.

LATERALIDAD

Es la tendencia que muestran la mayoría de los seres humanos cuando emplean un lado de su propio cuerpo. En general, los niños no muestran su lateralidad totalmente definida hasta los seis años, cuando ya podemos constatar si son zurdos o diestros.

MOTRICIDAD FINA

Es la coordinación de músculos, huesos y nervios para producir movimientos pequeños y precisos como, por ejemplo, agarrar un lápiz con el índice y el pulgar.

MOTRICIDAD GRUESA

Es la habilidad para realizar movimientos generales grandes, como saltar o agitar un brazo.

MOVIMIENTO EN PINZA

Consiste en el control voluntario de los dedos índice y pulgar para agarrar y manejar objetos de forma precisa.

UBICACIÓN ESPACIAL

Es la habilidad para moverse y situarse dentro del espacio. Además, es necesaria para ubicar los objetos y orientar nuestros movimientos en el espacio que nos rodea.

VÍNCULO EMOCIONAL

Es un lazo de amor, empatía y cuidado mutuo que une a las personas entre sí, que proporciona bienestar y seguridad, y es la base y el motor del desarrollo de los seres humanos.

DISCRIMINACIÓN AUDITIVA

Es la capacidad que posee una persona para reconocer la intensidad de los sonidos y sus diferencias, los fonemas de una lengua y así ir desarrollando sus habilidades comunicativas.